superdrago

curso de español para niños

cuaderno de
actividades

superdrago

curso de español para niños

cuaderno de actividades

1

AUTORES
Carolina Caparrós
Charlie Burnham

ILUSTRADOR
Saeta Hernando

Español Lengua Extranjera

SGEL

Primera edición, 2009
Tercera edición, 2014

Produce: SGEL – Educación
                Avda. Valdelaparra, 29
                28108 Alcobendas (MADRID)

© Carolina Caparrós y Charlie Burnham

© Ilustraciones: Alfredo "Saeta" Hernando Torres

© Sociedad General Española de Librería, S. A., 2009
    Avda. Valdelaparra, 29, 28108 Alcobendas (MADRID)

Diseño de cubierta e interior: Thomas Hoermann
Maquetación: MonoComp, S. A.
Ilustraciones: Saeta Hernando
Fotografías: Getty Images, Shutterstock Images LLC

Agradecemos a Francisca Castro y África Torres su ayuda y apoyo.

ISBN: 978-84-9778-486-3 (edición internacional)
ISBN: 978-84-9778-544-0 (edición americana)
Depósito legal: M-41142-2009
Printed in Spain – Impreso en España

Impresión: Grupo Viro

índice

Mi colegio

1. Escucha y relaciona los dibujos.

① ¡Hola, soy Drago! Me gusta volar.

② ¡Hola, soy Carlos! Me gusta el deporte.

③ ¡Hola, soy Ana! Me gusta bailar.

④ ¡Hola, soy Juan! Me gusta la aventura.

2. Copia el círculo y haz una chapa de identidad.

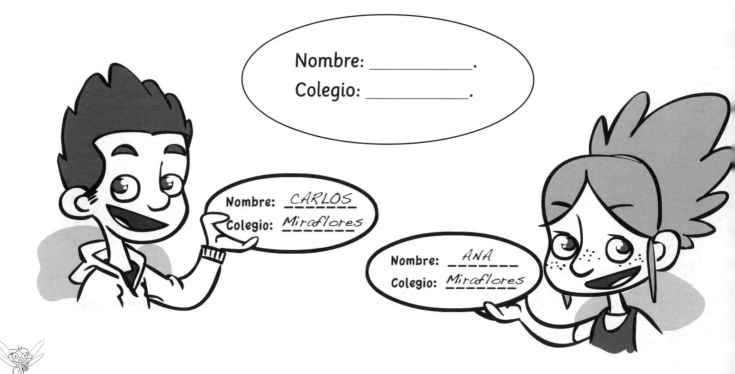

Nombre: _____.
Colegio: _____.

Nombre: CARLOS
Colegio: Miraflores

Nombre: ANA
Colegio: Miraflores

3. Completa.

a _u_   n _ g r_   _ _ j _   n _ r _ n _ a

_ m _r_ _l o   g _ i_   b _ a _ _ o   _ i o _e_ _

4. Relaciona.

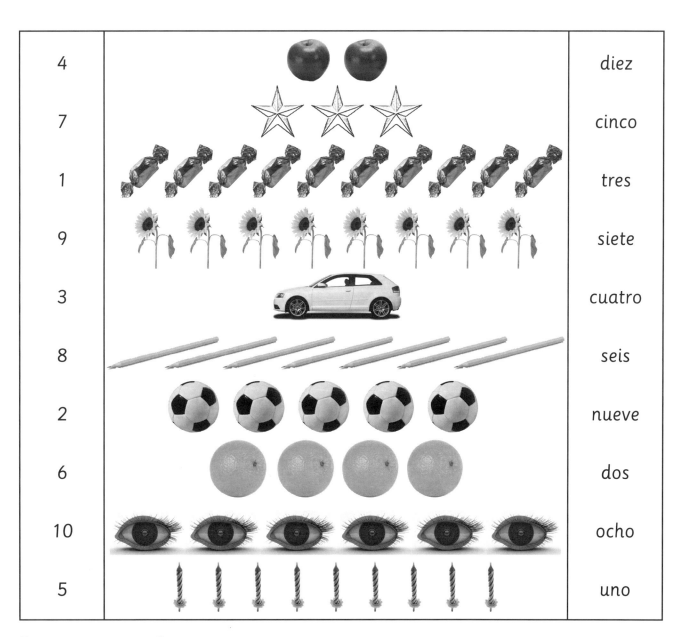

4		diez
7		cinco
1		tres
9		siete
3		cuatro
8		seis
2		nueve
6		dos
10		ocho
5		uno

RECUERDA: cero = 0

5. Escucha y escribe el número de teléfono.

Me llamo Juan.
Mi número de teléfono es…

Me llamo Ana.
Mi número de teléfono es…

Me llamo Carlos.
Mi número de teléfono es…

1. _____   2. _____   3. _____

6. Practica. Haz una agenda.

¿Cuál es tu número de móvil?

9 6 7 1 5 3 6

✎ NOMBRE	☎ TELÉFONO		✎ NOMBRE	☎ TELÉFONO

7. Completa. ¿Cuántos años tienes?

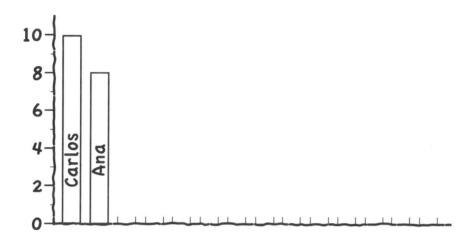

8. Escucha y escribe.

_____

_____

_____

_____

_____

9. Colorea, escucha y relaciona.

Mi color preferido es el azul.

①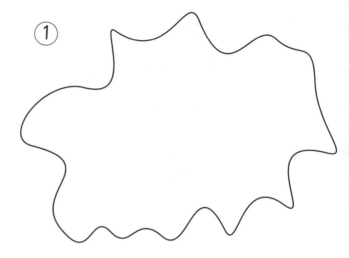

Mi color preferido es el rojo.

②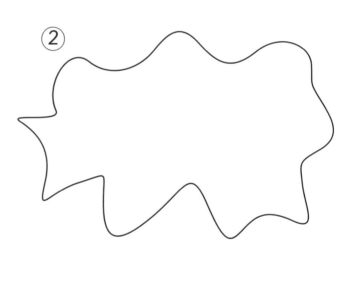

③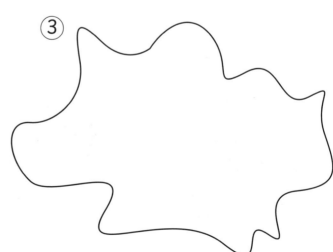

Mi color preferido es el amarillo.

¿Cuál es tu color preferido? _____

10. El baúl de las palabras.

Llena el baúl de palabras nuevas.

Gris

11. ¿Qué has conseguido?

Bien ☺	Muy bien ☺☺	Excelente ☺☺☺

Decir Hola
Ejemplo: Hola, soy Juan.

Bien	☺
Muy bien	☺☺
Excelente	☺☺☺

Números del 1 al 10
Ej.: Uno, dos…

Bien	☺
Muy bien	☺☺
Excelente	☺☺☺

Los colores
Ej.: Amarillo.

Bien	☺
Muy bien	☺☺
Excelente	☺☺☺

Números de teléfono
Ej.: 9187765.

Bien	☺
Muy bien	☺☺
Excelente	☺☺☺

Decir tu edad
Ej.: Tengo ocho años.

Bien	☺
Muy bien	☺☺
Excelente	☺☺☺

La clase

1. Ayuda a Drago a poner las etiquetas.

____	Estuche	____	Sacapuntas
_1_	Tijeras	____	Bolígrafo
____	Cuaderno	____	Goma
____	Regla	____	Mochila
____	Lápiz	____	Libro
____	Papelera	____	Calculadora
____	Agenda	____	Diccionario

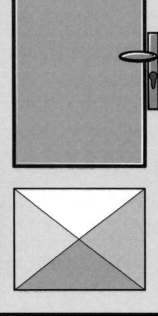

PAPELERÍA

ABIERTO

1.
2.
3.
4.
5.
6.
7.
8.
9.
10.
11.
12.
13.
14.

2. Escucha y numera.

3. Rodea las palabras con H.

4. Mira y escribe.

1._____

2._____

3._____

4._____

5._____

6._____

5. Escribe: Tengo / No tengo.

Juan dice:

<u>Tengo</u> un bolígrafo.

<u>No tengo</u> un elefante.

_____ un libro de animales.

_____ un sacapuntas.

_____ una manzana.

_____ lápices.

_____ un cuaderno.

_____ una mochila.

_____ unas tijeras.

6. Juega.

7. El baúl de las palabras.

Llena el baúl de palabras nuevas.

8. ¿Qué has conseguido?

Bien ☺	Muy bien ☺☺	Excelente ☺☺☺

Nombres de objetos de la clase
Ejemplo: Sacapuntas.

Bien	☺
Muy bien	☺☺
Excelente	☺☺☺

Palabras con H
Ej.: Hotel.

Bien	☺
Muy bien	☺☺
Excelente	☺☺☺

Saludos
Ej.: Buenos días.

Bien	☺
Muy bien	☺☺
Excelente	☺☺☺

Dar las gracias
Ej.: Gracias.

Bien	☺
Muy bien	☺☺
Excelente	☺☺☺

Pedir algo prestado
Ej.: ¿Me prestas...?

Bien	☺
Muy bien	☺☺
Excelente	☺☺☺

3 UNIDAD

¡Feliz cumpleaños!

1. Colorea las velas.

Yo cumplo seis años.

Yo cumplo diez años.

Yo cumplo siete años.

Yo cumplo ocho años.

Yo cumplo nueve años.

2. Escucha y numera.

3. Escribe un día especial para cada mes.

enero
_____

febrero
_____

marzo
_____

abril
_____

mayo
_____

junio
_____

julio
_____

agosto
_____

septiembre
_____

octubre
_____

noviembre
_____

diciembre
_____

4. Escucha y escribe.

Hola. Soy Nerea.
Vivo en España.
En enero hace frío.
En agosto hace calor.
En abril llueve.

¿Cuándo hace frío en tu país?

En _____ hace frío.

¿Cuándo hace calor en tu país?

En _____ hace calor.

¿Cuándo llueve en tu país?

En _____ llueve mucho.

5. Ordena las palabras.

O P L E T A   __ __ __ __ __ __

Q R U T A E A   __ __ __ __ __ __ __

Ñ A M C E U   __ __ __ __ __ __

R E N T   __ __ __ __

O I A I O D S N U R   __ __ __ __ __ __ __ __ __ __ __

6. Relaciona y escribe.

	4 avión	__ __ __ __ e
	5 bicicleta	b __ __ __ __ __ __ __ __ __
	1 muñeca	__ __ __ __ t __
	3 coche	__ v __ __ __
	2 pelota	__ __ ñ __ __ __

7. Haz una tarjeta.

Querido _____ :

Hoy cumples _____ años.

¡Feliz _____ !

8. Lee y practica.

Toma. Este regalo es para ti.

Muchas gracias.

Es una pelota. Vamos a jugar.

9. El baúl de las palabras.

Llena el baúl de palabras nuevas.

Tarta

10. ¿Qué has conseguido?

Bien ☺	Muy bien ☺☺	Excelente ☺☺☺

Cantar Cumpleaños feliz
Ejemplo: Cumpleaños feliz…

Bien	☺
Muy bien	☺☺
Excelente	☺☺☺

Decir los meses del año
Ej.: Enero.

Bien	☺
Muy bien	☺☺
Excelente	☺☺☺

Felicitar
Ej.: ¡Felicidades!

Bien	☺
Muy bien	☺☺
Excelente	☺☺☺

Preguntar
Ej.: ¿Cuándo es tu cumpleaños?

Bien	☺
Muy bien	☺☺
Excelente	☺☺☺

El tiempo
Ej.: Hace frío.

Bien	☺
Muy bien	☺☺
Excelente	☺☺☺

La casa

1. Dibuja.

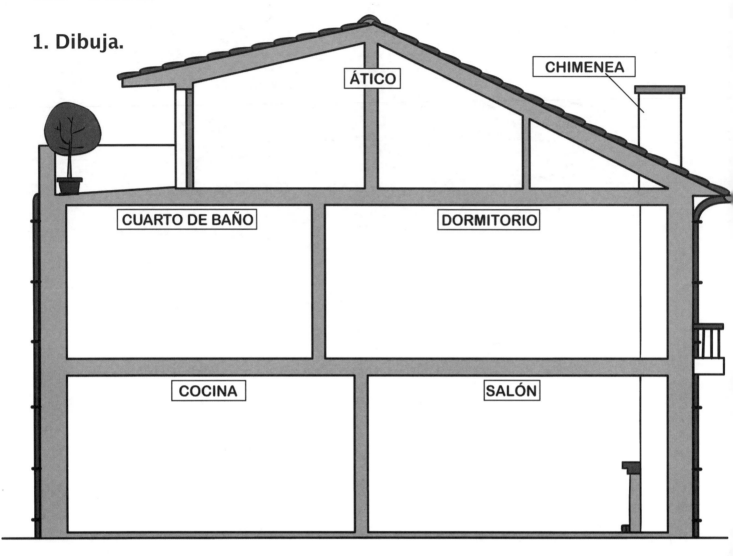

1. Dos camas y un armario en el dormitorio.
2. Un sofá y un equipo de música en el ático.
3. Humo saliendo de la chimenea.
4. Un váter, un lavabo con espejo encima y una bañera en al cuarto de baño.
5. Un horno, un microondas, una nevera y una mesa con sillas en la cocina.
6. Un sofá, dos sillones y una estantería con libros en el salón.

2. Escribe.

1. ¿Dónde está Ana?
<u>Ana está debajo de la mesa</u>.

2. ¿Dónde está Drago?

_____.

3. ¿Dónde está el lápiz?

_____.

4. ¿Dónde está Juan?

_____.

5. ¿Dónde está Carlos?

_____.

6. ¿Dónde están Ana y Juan?

_____.

7. ¿Dónde están las llaves?

_____.

8. ¿Dónde están las tijeras?

_____.

3. Canta con Lila.

¿Dónde están las llaves, matarile-rile-rile?

¿Dónde están las llaves, matarile-rile-ron?

En el fondo del mar, matarile-rile-rile.

En el fondo del mar, matarile-rile-ron.

Chim-pón.

4. Escucha y responde.

A. Carlos está debajo de la mesa

B. Carlos está al lado de la mesa

C. Carlos está encima de la mesa

D. Carlos está detrás de la mesa

5. Escucha y relaciona. ¿Qué hora es?

Son las cuatro en punto.

Son las siete en punto.

Son las tres en punto.

Son las cinco en punto.

Es la una en punto.

Son las seis en punto.

Son las diez en punto.

6. Dibuja las manecillas.

¿Qué hora es?
Son las diez
en punto.

¿Qué hora es?
Son las cuatro
en punto.

¿Qué hora es?
Son las ocho
en punto.

¿Qué hora es?
Son las tres en
punto.

¿Qué hora es?
Son las nueve
en punto.

¿Qué hora es?
Es la una en
punto.

7. Lee la agenda de Ana.

Lunes 15 de enero
Mañana
   7:00 Me levanto
   8:00 Me ducho y desayuno
   9:00 Voy al colegio
   10:00 En clase
   11:00 Salgo al recreo
   12:00 En clase

Lunes 15 enero
Tarde
1:00 Como
3:00 En clase
4:00 Vuelvo a casa
5:00 Juego
6:00 Hago los deberes
7:00 Juego
8:00 Ceno
9:00 Me voy a dormir

Escribe tu agenda.

Lunes 15 de enero
Mañana
   7:00 _____
   8:00 _____
   9:00 _____
   10:00 _____
   11:00 _____
   12:00 _____

Lunes 15 enero
Tarde
1:00 _____
3:00 _____
4:00 _____
5:00 _____
6:00 _____
7:00 _____
8:00 _____
9:00 _____

8. El baúl de las palabras.

Llena el baúl de palabras nuevas.

Salón

9. ¿Qué has conseguido?

Bien ☺	Muy bien ☺☺	Excelente ☺☺☺

Nombres de las habitaciones
Ejemplo: Cocina.

Bien	☺
Muy bien	☺☺
Excelente	☺☺☺

¿Dónde está?
Ej.: En el colegio.

Bien	☺
Muy bien	☺☺
Excelente	☺☺☺

Acciones
Ej.: Salto.

Bien	☺
Muy bien	☺☺
Excelente	☺☺☺

Decir la hora
Ej.: Son las dos en punto.

Bien	☺
Muy bien	☺☺
Excelente	☺☺☺

Escribir una agenda
Ej.: 7:00. Me levanto.

Bien	☺
Muy bien	☺☺
Excelente	☺☺☺

¡El zoo!

1. Escucha y numera.

2. Escribe en orden.

¡Qué bien! ¡Quiero ver a los leones!

¿Dónde vamos?

¡Yo también!

¡Vamos al zoo!

1. _____

2. _____

3. _____

4. _____

3. ¿Dónde vamos?

1. Vamos a <u>una fiesta.</u>

2. Vamos a _____.

3. Vamos al _____.

4. Vamos al _____.

5. Vamos a _____.

5 uNidad

4. ¿Qué animal es?

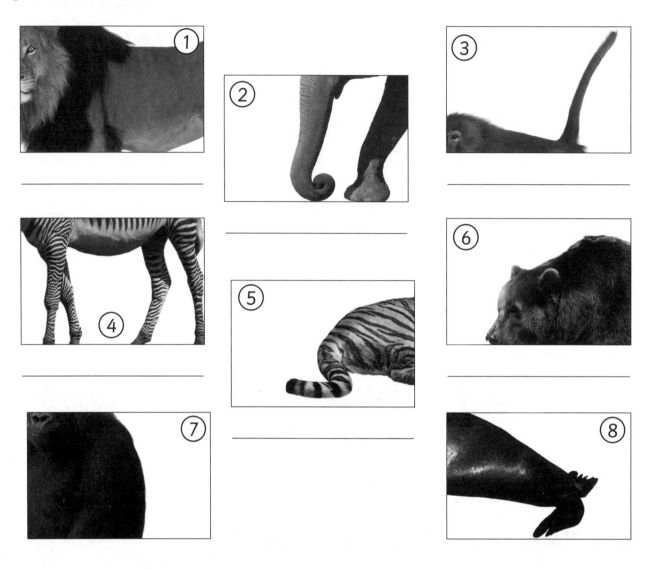

5. Une los puntos.

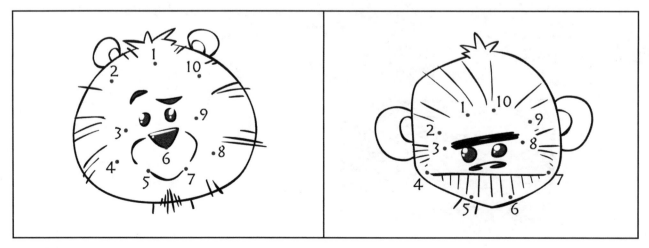

6. Relaciona.

5 + 6	doce	17
7 +7	dieciocho	16
7 + 9	diecinueve	14
12 + 6	diecisiete	15
13 + 7	once	13
10 + 3	dieciséis	18
6 + 9	catorce	11
8 + 4	quince	19
9 + 8	trece	12
14 + 5	veinte	20

7. Encuentra las jaulas.

Jaula de los monos ＿＿

Jaula de los leones ＿＿

Jaula de los elefantes ＿＿

Jaula de las jirafas ＿＿

Jaula de las focas ＿＿

Jaula de los osos ＿＿

Jaula de las cebras ＿＿

Jaula de los gorilas ＿＿

Jaula de los tigres ＿＿

Jaula de las aves ＿＿

RECUERDA:	los monos	-os	las focas	-as
	los elefantes	-es	los gorilas	-as
	las aves	-es		

8. Escribe.

1.º Vamos a ver a _____

2.º Vamos a ver a _____

3.º Vamos a ver a _____

4.º _____

5.º _____

6.º _____

9. Busca las diferencias.

En esta jaula…

1. <u>hay dos gorilas.</u>
2. _____
3. _____
4. _____
5. _____
6. _____
7. _____

… y en esta jaula…

1. <u>hay un gorila.</u>
2. _____
3. _____
4. _____
5. _____
6. _____
7. _____

10. El baúl de las palabras.

Llena el baúl de palabras nuevas.

11. ¿Qué has conseguido?

Bien ☺	Muy bien ☺☺	Excelente ☺☺☺

Nombres de animales
Ejemplo: Gorila.

Bien	☺
Muy bien	☺☺
Excelente	☺☺☺

Números del 10 al 20
Ej.: Once, doce...

Bien	☺
Muy bien	☺☺
Excelente	☺☺☺

Querer
Ej.: Quiero ver a los monos.

Bien	☺
Muy bien	☺☺
Excelente	☺☺☺

¿Cuántos/as?
Ej.: ¿Cuántos leones hay?

Bien	☺
Muy bien	☺☺
Excelente	☺☺☺

Haber
Ej.: Hay seis leones.

Bien	☺
Muy bien	☺☺
Excelente	☺☺☺

El mercado

1. Escribe: Me gusta / No me gusta.

_____ la fruta.

_____ el queso.

_____ la pizza.

_____ el yogur.

_____ la leche.

2. Encuentra y colorea.

1. Colorea los plátanos de color amarillo.
2. Colorea las naranjas de color naranja.
3. Colorea el elefante de color gris.
4. Colorea las peras de color verde.
5. Colorea la jirafa de color marrón.
6. Colorea el camión de color rojo.
7. Colorea las manzanas de color rojo.
8. Colorea la cebra de color blanco y negro.
9. Colorea la serpiente azul y amarilla.
10. Colorea las hojas de color verde.

3. Completa el crucigrama.

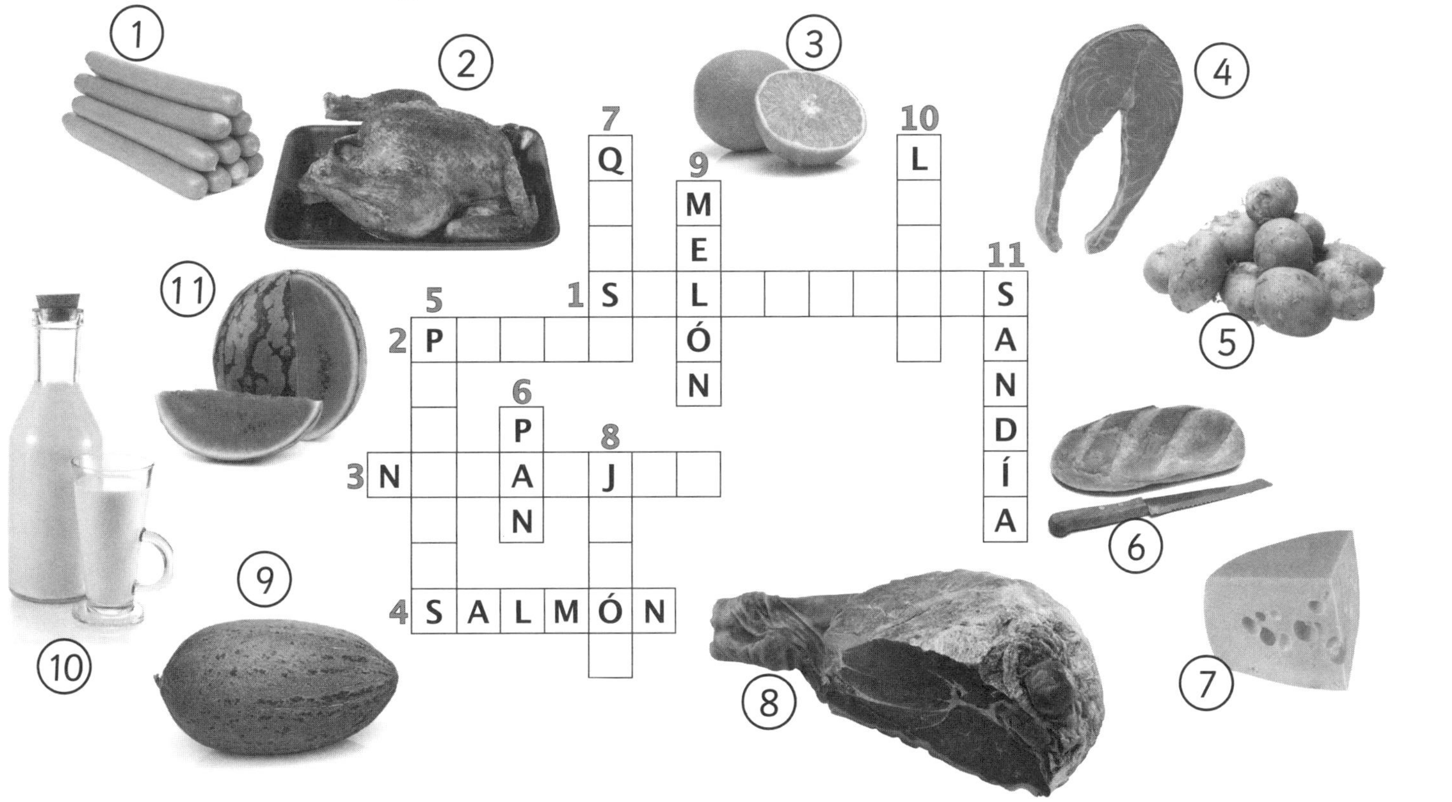
1
2
3
4
5
6
7
8
9
10
11
7 Q
9 MELÓN
10 L
1 S
11 SANDÍA
5 2 P
6 PAN
8 3 N A J
4 SALMÓN

4. Escribe: grande / pequeño / pequeña.

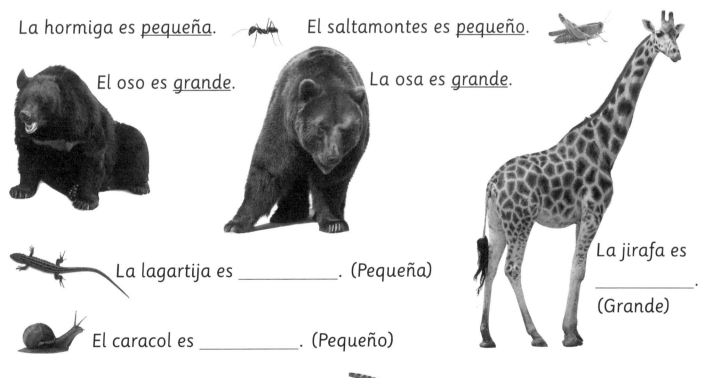

La hormiga es pequeña. 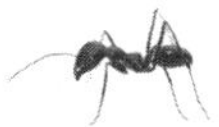 El saltamontes es pequeño. 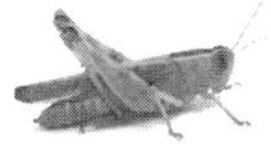

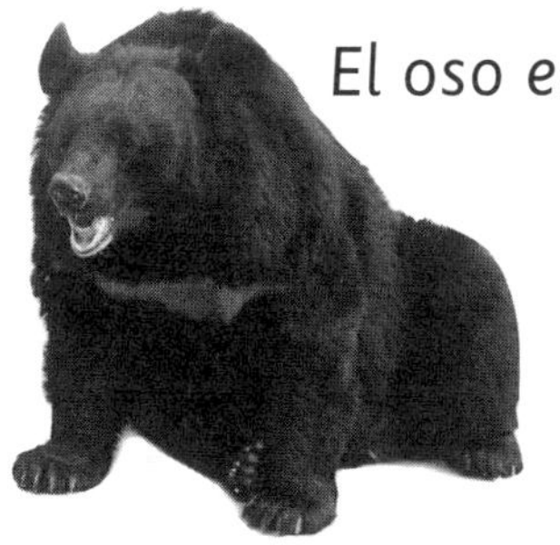 El oso es grande.

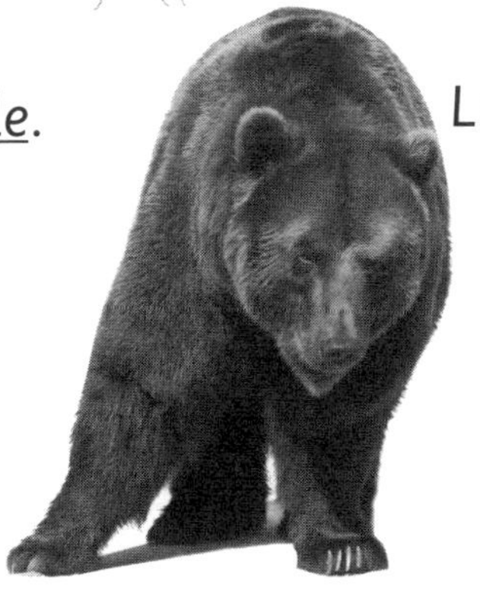 La osa es grande.

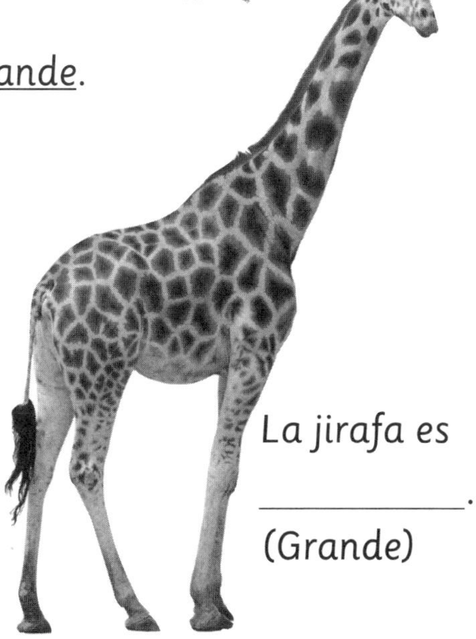

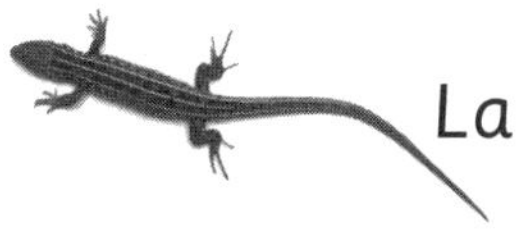 La lagartija es __________. (Pequeña)

La jirafa es __________. (Grande)

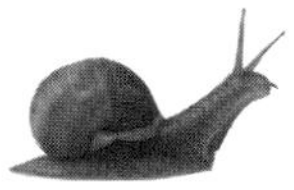 El caracol es __________. (Pequeño)

El lagarto es __________. (Grande) 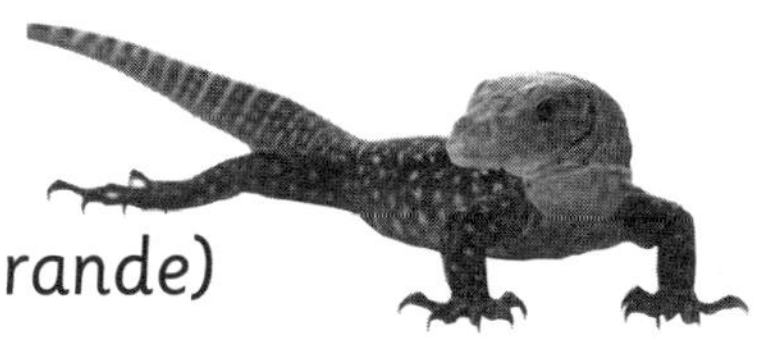

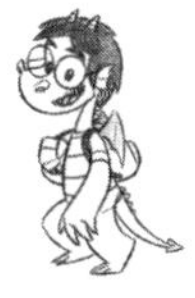

5. Escribe sobre ti.

Me llamo _____.

Tengo _____ años.

Me gusta _____.

No me gusta _____.

Tengo _____ en la mochila.

Escribe sobre tu compañero/a.

Se llama _____.

Tiene _____ años.

Le gusta _____.

No le gusta _____.

Tiene _____ en la mochila.

6. Escucha y escribe el número.

7. Numera las viñetas.

1
Mujer: Niños, vamos al mercado.
Niños: ¡Vale!

2
Juan: ¡Mira cuánta comida hay!

3
Mujer: Sí, tenemos que comprar algo para la cena. ¿Qué tal pollo?
Juan: No me gusta el pollo.

4
Juan: Queremos salchichas, por favor.
Mujer: ¿Os gustan las salchichas?
Niños: ¡Sí, mucho!

5
Mujer: Bueno, póngame salchichas, por favor.
Juan: Mmmm. ¡Qué rico!

A

B

C

D

E

8. Escribe. ¿Qué comen los dragones en el colegio?

LUNES	
1er plato:	<u>Sopa de sapo.</u>
2.º plato:	<u>Patas de araña con patatas.</u>
Postre:	<u>Helado de rayos y truenos.</u>

MARTES	
1er plato:	_____
2.º plato:	_____
Postre:	_____

MIÉRCOLES	
1er plato:	_____
2.º plato:	_____
Postre:	_____

JUEVES	
1er plato:	_____
2.º plato:	_____
Postre:	_____

VIERNES	
1er plato:	_____
2.º plato:	_____
Postre:	_____

¿Qué comen los dragones en casa?

SÁBADO	
1er plato:	<u>Ensalada de insectos.</u>
2.º plato:	<u>Serpiente con tomate.</u>
Postre:	<u>Flan de meteorito.</u>

DOMINGO	
1er plato:	_____
2.º plato:	_____
Postre:	_____

9. El baúl de las palabras.

Llena el baúl de palabras nuevas.

10. ¿Qué has conseguido?

Bien ☺	Muy bien ☺☺	Excelente ☺☺☺

Días de la semana
Ejemplo: Lunes.

Bien	☺
Muy bien	☺☺
Excelente	☺☺☺

Nombres de comidas
Ej.: Naranjas.

Bien	☺
Muy bien	☺☺
Excelente	☺☺☺

Gustar
Ej.: Me gusta el regaliz.

Bien	☺
Muy bien	☺☺
Excelente	☺☺☺

Grande o pequeño
Ej.: Tengo un lápiz grande.

Bien	☺
Muy bien	☺☺
Excelente	☺☺☺

Palabras con J
Ej.: Jugar.

Bien	☺
Muy bien	☺☺
Excelente	☺☺☺

La ropa

1. Descifra el código secreto.

12 6   9 6 12   11 5 1   7 8 4 5 2 3 9 1

Y _   _ _ _   _ _ _   _ _ _ _ _ _ _ _

| 1=a |
| 2=c |
| 3=e |
| 4=i |
| 5=n |
| 6=o |
| 7=p |
| 8=r |
| 9=s |
| 10=t |
| 11=u |
| 12=Y |

12 6   9 6 12   11 5   7 4 8 1 10 1

Y _   _ _ _   _ _   _ _ _ _ _ _

2. Escucha y relaciona.

A

B

C

D

1. primavera   3. otoño

2. verano   4. invierno

3. Colorea y juega.

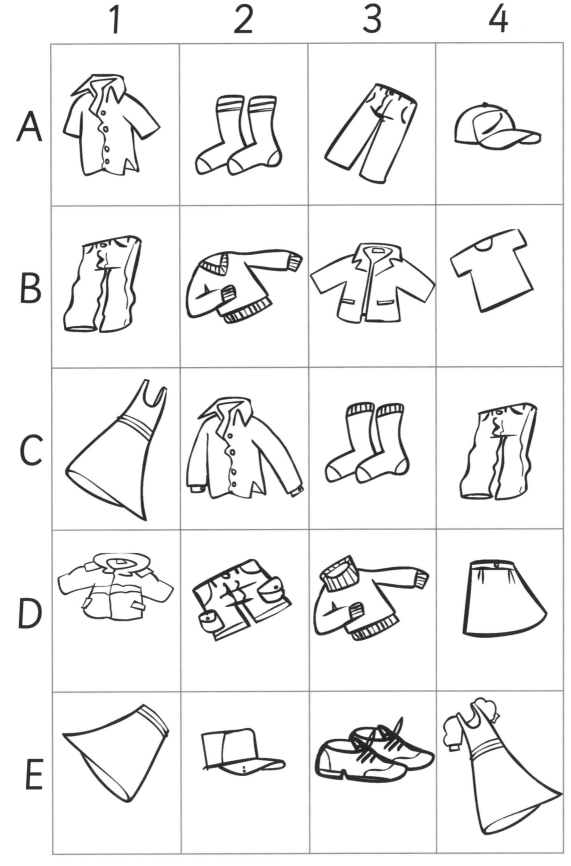

4. Escribe el número.

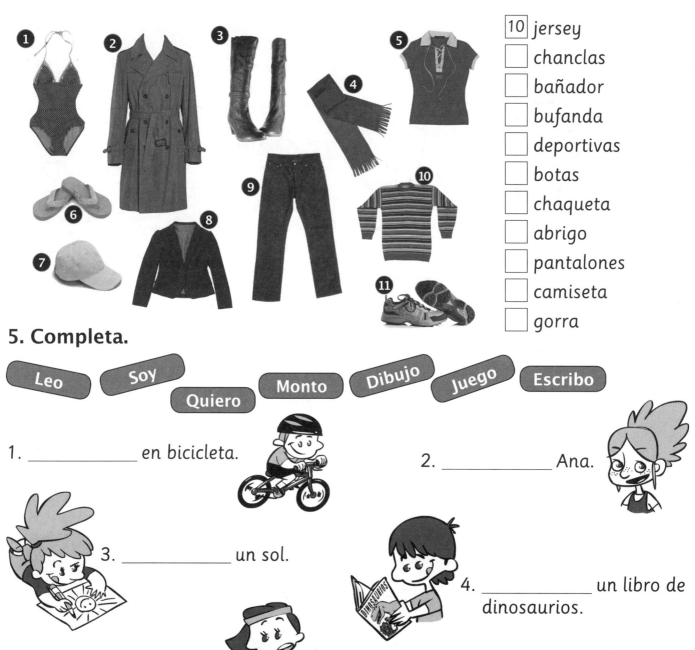

10	jersey
	chanclas
	bañador
	bufanda
	deportivas
	botas
	chaqueta
	abrigo
	pantalones
	camiseta
	gorra

5. Completa.

Leo   Soy   Quiero   Monto   Dibujo   Juego   Escribo

1. _____ en bicicleta.

2. _____ Ana.

3. _____ un sol.

4. _____ un libro de dinosaurios.

5. _____ al tenis.

6. _____ mi nombre.

7. _____ una bicicleta.

6. Mira en el armario y colorea y viste al monstruo.

Llevo un jersey violeta, pantalones azules, botas de color naranja, una gorra amarilla y una bufanda roja.

7. Relaciona.

jirafa	casa	coche
parque	león	sofá
lápiz	patatas	tigre

gato	árbol	plátano
silla	tomate	goma
manzana	coche	colegio

zanahoria	silla	camión
niño	mesa	teléfono
mercado	sofá	pirata

lápiz	armario	carnaval
amarillo	bufanda	piano
otoño	primavera	verano

8. Lee y escribe.

| queso   pantalones   raqueta   león   tres   manzanas   camiseta |

Soy un niño. Llevo unos [1]_____ cortos y una [2] _____ grande.

Tengo una [3] _____ y [4] _____ pelotas de tenis. Me gusta mucho

el [5] _____ y las [6] _____. Mi animal preferido es el

[7] _____.

9. Escribe la palabra.

| en bicicleta   al ajedrez   bailar   al fútbol   la guitarra |
| el piano   al baloncesto   a caballo   al tenis   nadar |

Yo sé...
Yo sé jugar...
Yo sé montar...
Yo sé tocar...

10. El baúl de las palabras.

Llena el baúl de palabras nuevas.

verano

11. ¿Qué has conseguido?

Bien ☺	Muy bien ☺☺	Excelente ☺☺☺

Nombres de ropa
Ejemplo: Bufanda.

Bien	☺
Muy bien	☺☺
Excelente	☺☺☺

Saber
Ej.: Sé tocar el piano.

Bien	☺
Muy bien	☺☺
Excelente	☺☺☺

Nombrar las cuatro estaciones
Ej.: La primavera.

Bien	☺
Muy bien	☺☺
Excelente	☺☺☺

Actividades
Ej.: Montar a caballo.

Bien	☺
Muy bien	☺☺
Excelente	☺☺☺

Carnaval

1. Ordena las letras.

BEZACA   _Cabeza_____.

ANREIP   _____.

NOMA   _____.

ZIRAN   _____.

CABO   _____.

OZARB   _____.

JOSO   _____.

JAREO   _____.

LOPE   _____.

EIP   _____.

DODE   _____.

2. Escribe: grande / pequeño / pequeña / largo / larga.

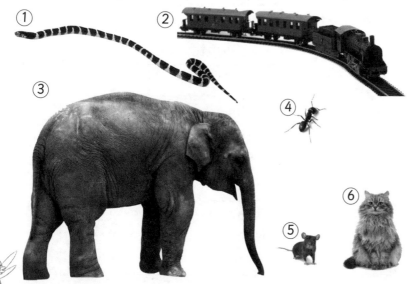

1. _____

2. _____

3. _____

4. _____

5. _____

6. _____

3. Mira el retrato de Javier.

Marca las casillas.

	Ojos grandes
	Ojos pequeños
	Nariz grande
	Nariz pequeña
	Pelo largo
	Pelo corto
	Pantalones largos
	Pantalones cortos
	Bufanda larga
	Bufanda corta
	Camiseta grande
	Camiseta pequeña
	Deportivas blancas
	Deportivas negras

4. Dibuja tu autorretrato.

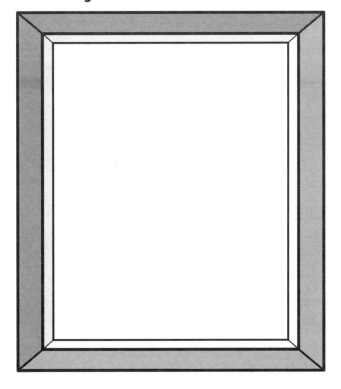

Marca las casillas.

	Ojos verdes
	Ojos azules
	Ojos marrones
	Ojos negros
	Ojos grandes
	Ojos pequeños
	Nariz grande
	Nariz pequeña
	Pelo largo
	Pelo corto
	Pelo rubio
	Pelo castaño
	Pelo negro
	Pelo rojo

5. Lee y dibuja al monstruo marino que se llama Manfredo.

Manfredo tiene seis brazos largos y cuatro piernas cortas, en cada pierna tiene una aleta. En la cabeza Manfredo tiene pelos de pincho y en la cara tiene tres grandes ojos verdes, dos agujeros por nariz y una enorme boca color violeta con grandes dientes blancos.

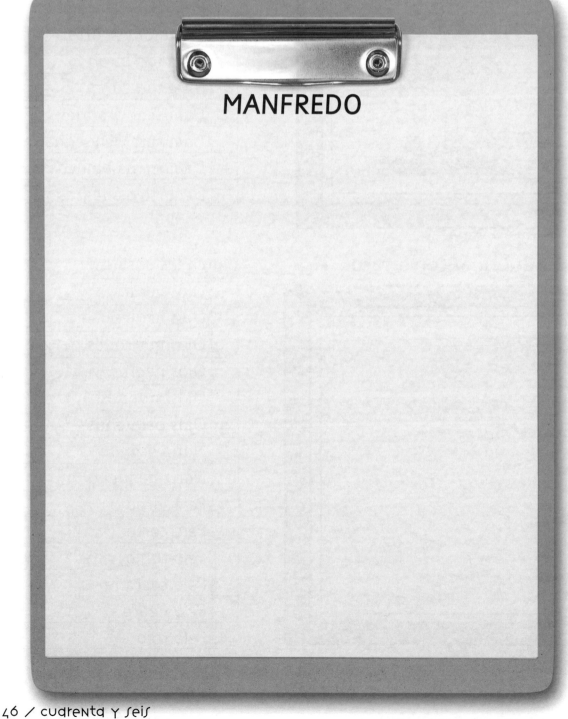

MANFREDO

6. Escribe.

1. Soy Carlos. Estoy en el colegio.

2. Somos María y Pablo. Estamos en la cocina.

3. _____

4. _____

7. Responde.

¿Quién es este?

_____ .

¿Cuántos años tiene?

_____ .

¿Dónde está?

_____ .

¿Qué tiene?

_____ .

¿Tiene las piernas largas o cortas?

_____ .

Hola, soy Mario.

Tengo nueve años.

8 uNidad

8. Escucha y señala las partes del cuerpo.

6.

7.

8.

5.

9.

4.

3.

2.

1.

10.

11.

12.

13.

9. Completa.

Me llamo _____,	tengo el pelo _____ y _____	y los ojos _____.
Mi amigo _____,	tiene el pelo _____ y _____	y los ojos _____.
Mi amiga _____,	tiene _____	_____.
Mi amigo _____,	_____	_____.
Mi amiga _____,	_____	_____.

10. El baúl de las palabras.

Llena el baúl de palabras nuevas.

11. ¿Qué has conseguido?

Bien ☺	Muy bien ☺☺	Excelente ☺☺☺

Partes de la cara
Ejemplo: Nariz.

Bien	☺
Muy bien	☺☺
Excelente	☺☺☺

Partes del cuerpo
Ej.: Brazo.

Bien	☺
Muy bien	☺☺
Excelente	☺☺☺

Descripción
Ej.: Pelo rubio.

Bien	☺
Muy bien	☺☺
Excelente	☺☺☺

¿Qué está haciendo?
Ej.: Está saltando.

Bien	☺
Muy bien	☺☺
Excelente	☺☺☺

Adjetivos
Ej.: Largo.

Bien	☺
Muy bien	☺☺
Excelente	☺☺☺

Tiempo libre

1. ¿Quién es quién?

Escribe: abuelo / abuela / madre / padre / hermano / hermana.

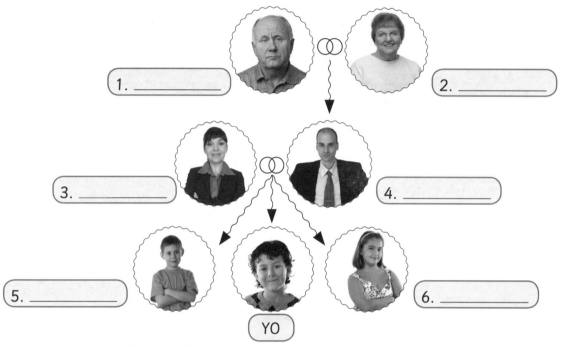

1. _____
2. _____
3. _____
4. _____
5. _____
6. _____

YO

2. Lee la descripción y dibuja.

alto		bajo		mediano		alta	
baja		gordo		delgado		flaco	
gorda		delgada		flaca		mediana	

Este niño es muy alto y gordo, tiene el pelo rubio.

Esta niña es muy baja y muy flaca.

3. Completa.

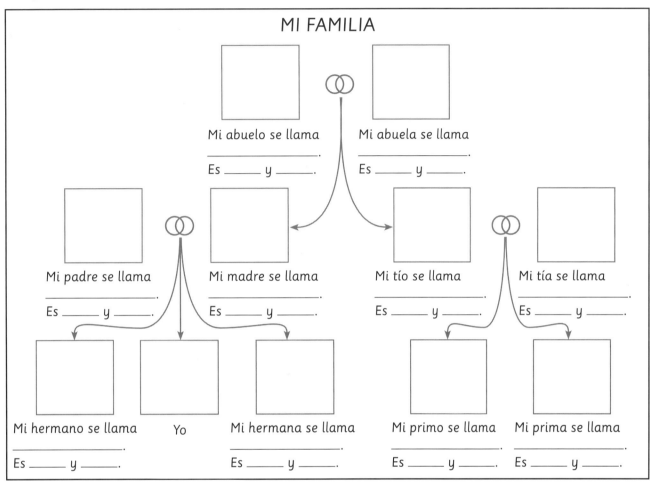

MI FAMILIA

Mi abuelo se llama
_____.
Es _____ y _____.

Mi abuela se llama
_____.
Es _____ y _____.

Mi padre se llama
_____.
Es _____ y _____.

Mi madre se llama
_____.
Es _____ y _____.

Mi tío se llama
_____.
Es _____ y _____.

Mi tía se llama
_____.
Es _____ y _____.

Mi hermano se llama
_____.
Es _____ y _____.

Yo

Mi hermana se llama
_____.
Es _____ y _____.

Mi primo se llama
_____.
Es _____ y _____.

Mi prima se llama
_____.
Es _____ y _____.

4. ¿Que están haciendo?

1. Está jugando al futbol.

2. _____

3. _____

4. _____

5. _____

6. _____

Está jugando al tenis.

Está tocando la guitarra.

Está nadando.

Está leyendo.

Está bailando.

Está jugando al futbol.

9 uNidad

5. Escucha y numera.

6. Relaciona las palabras.

①		Él	comiendo	un	helado	está	
		estoy	está	jugando	patinando	Ella	④
②		Yo	la	con	ordenador	en	
		cocina	en	el	parque	el	
③		Mi	amiga	cocinando	con	Laura	⑤
		padre	está	su	cantando	está	

7. Me gusta...

		😊	☹️
	Me gusta el tenis		
	Me gusta el fútbol		
	Me gusta el baloncesto		
	Me gusta patinar		
	Me gusta nadar		

8. Escribe.

madre · mono · prima · padre · oso · camisa · león
primo · leopardo · jersey · hermana · pantalón
calcetines · abuela · bufanda · cocodrilo · abrigo · jirafa
hermano · gorra · botas · elefante · abuelo · tigre

madre

camisa

mono

9. El baúl de las palabras.

Llena el baúl de palabras nuevas.

10. ¿Qué has conseguido?

Bien ☺	Muy bien ☺☺	Excelente ☺☺☺

La familia
Ejemplo: Abuela.

Bien	☺
Muy bien	☺☺
Excelente	☺☺☺

Actividades
Ej.: Patinar.

Bien	☺
Muy bien	☺☺
Excelente	☺☺☺

Estar
Ej.: Estoy comiendo.

Bien	☺
Muy bien	☺☺
Excelente	☺☺☺

Adjetivos
Ej.: Alto, bajo.

Bien	☺
Muy bien	☺☺
Excelente	☺☺☺

¡Hablo español!
Ej.: Me llamo _____ y vivo en _____.
Sé leer, escribir y… ¡hablar español!

Bien	☺
Muy bien	☺☺
Excelente	☺☺☺